Maa Baap Ki Dua

(The Prayer of Parents)

A Book of Poetry

By Ishq-e-Adam (عشقِ آدم)

Maa Baap Ki Dua (The Prayer of Parents)

© 2025 Ishq-e-Adam

All rights reserved. No part of this publication may be reproduced, stored in a retrieval system, or transmitted in any form or by any means—electronic, mechanical, photocopying, recording, or otherwise—without the prior written permission of the publisher, except in the case of brief quotations used in critical articles or reviews.

This is a work of poetry. Names, characters, places, and incidents are drawn from the author's lived experiences and imagination. Any resemblance to actual persons, living or deceased, is coincidental unless explicitly stated.

Published by:
Mk Storyworks

ISBN: 978-1-80700-007-3

First Edition: 2025

لگن

(Dedication)

یہ کتاب میری دو خوبصورت اولاد، میری دو روشنیاں، کے نام ہے۔
تم میری زندگی اور دل کی دھڑکن ہو۔
تمہاری محبت نے مجھے یہ سمجھنے میں مدد کی
کہ والدین کا پیار کبھی نہیں ٹوٹتا
اور اس مقدس رشتے کی کوئی دوسری صورت نہیں ہے۔

Yeh Kitaab Meri Do Khoobsurat Aulaad,
Meri Do Roshniyan, Ke Naam Hai.
Tum meri zindagi aur dil ki dharkan ho.
Tumhari mohabbat ne mujhe yeh samajhne mein madad ki ke walidain ka pyaar kabhi nahin toot-ta aur is muqaddas rishte ki koi doosri soorat nahin hai.

———————

This book is dedicated to my two beautiful children, my two lights.

You are my heartbeats and my will to live.

It was through your caring eyes and your unconditional love that I finally understood that a parent's love can never be broken,

and that this sacred bond can never be replaced.

Table of Contents

لگن (Dedication)...3

مصنف کا پیش لفظ (Author's Foreword)..............................1

دیباچہ (Prologue)...5

تمہاری دعاوں کا حصار ہے (The Unwavering Bond)..............8

باپ کا سایہ (The Father's Shade)......................................12

اب میری باری ہے (Now It's My Turn)...............................15

تہمت (The Voice of the Unbroken Heart)........................19

احسان کا قرض (The Paradox of Pain and Love).................23

اے میری ماں! (The Final Plea)..26

کھوئے ہووں کی دعا (The Prayer of Those Who Were Lost)....29

افسوس (Regret)...33

ماں کی آغوش (The Mother's Embrace)............................36

مصنف کے بارے میں (About the Author)..........................38

جلد آنے والی کتاب (Coming Soon)...................................41

پبلیشر کے بارے میں (About The Publisher)......................43

مصنف کا پیش لفظ

(Author's Foreword)

کئی سالوں سے، میرے اور میرے والدین کے درمیان رشتہ ٹوٹا ہوا تھا۔
وہ وقت بہت تنہائی اور خاموش غم کا تھا۔
میں ہر رات رویا، ایک ایسے پیار کی کمی کی محسوس کی جو مجھ سے چھین لیا گیا تھا۔
میں یہ ماننے لگا تھا کہ شاید کوئی اور مجھ سے زیادہ اہم ہے۔
لیکن اس درد سے، میں نے ایک حقیقت سیکھی جو کبھی جھٹلائی نہیں جا سکتی:
خون کا رشتہ خون ہی ہوتا ہے۔

کوئی اور تمہیں کتنا ہی پیار کیوں نہ کرے،
ایک ماں باپ کا پیار ہمیشہ گہرا ہوتا ہے
اور ان کی دعائیں تمہاری حفاظت کرتی ہیں۔
میں نے اپنے والدین کو ہر لمحہ، ہر گھنٹے اور ہر دن یاد کیا۔

پھر اللہ نے مجھے میری دو روشنیوں، کی نعمت سے نوازا۔
وہ میری زندگی اور دل کی دھڑکن بن گئیں۔
جب میں نے انہیں بڑھتے ہوئے دیکھا
اور ایک والد کی محبت کا تجربہ کیا، تب مجھے سمجھ آیا۔
والدین کا رشتہ خدا کی ایک دعا ہے۔
یہ ایک ایسا رشتہ ہے جو کوئی نہیں توڑ سکتا
اور کوئی اس کی جگہ نہیں لے سکتا۔

یہی احساس، اور ایک ٹھیک ہوتے ہوئے دل کے ساتھ،
میں نے یہ نظمیں آپ کے سامنے پیش کی ہیں۔
امید ہے کہ یہ آپ کو اس رشتے کی قدر کرنے کی یاد دلائے گا،
کیونکہ اس جیسی کوئی محبت نہیں ہے۔

Kai saalon se, mere aur mere walidain ke darmiyan rishta toota hua tha.

Woh waqt bohat tanhai aur khamosh gham ka tha.

Main har raat roya, ek aisay pyaar ki kami mehsoos ki jo mujh se chheen liya gaya tha.

Main yeh man'ne laga tha ke shayad koi aur mujh se zyada ahem hai.

Lekin is dard se, main ne ek haqeeqat seekhi jo kabhi jhuthlai nahin ja sakti:

khoon ka rishta khoon hi hota hai.

Koi aur tumhein kitna hi pyaar kyun na kare,
ek maa baap ka pyaar hamesha gehra hota hai
aur un ki duaien tumhari hifazat karti hain.
Main ne apne walidain ko har lamha, har ghantay aur har din yaad kiya.

Phir Allah ne mujhe meri do roshniyon, ki naimat se nawaza.
Woh meri zindagi aur dil ki dharkan ban gayeen.
Jab main ne unhein barhtay hue dekha
aur ek walid ki mohabbat ka tajurba kiya, tab mujhe samajh aaya.
Walidain ka rishta Khuda ki ek dua hai.
Yeh ek aisa rishta hai jo koi nahin torh sakta
aur koi us ki jagah nahin le sakta.

Yeh hi ehsaas, aur ek theek hotay hue dil ke saath,
main ne yeh nazmein aap ke samne pesh ki hain.
Umeed hai ke yeh aap ko is rishte ki qadar karne ki yaad dilayega, kyunke is jaisi koi mohabbat nahin hai.

For many years, my relationship with my parents was broken. It was a time of immense loneliness and silent sorrow. I had believed that others had become more important than me, but through that pain, I learned a truth that can never be denied: *blood is blood.*

No matter how broken a relationship becomes, a parent's love is always deep, always there, and their prayers for your well-being never cease. I missed my parents every second, minute, and day.

It was then that Allah blessed me with my own two lights.
They became my heartbeat and my will to live.
As I watched them grow and experienced the depth of a parent's love myself, I finally understood.

The bond between a parent and child is a prayer from God.
It is a bond that no one can ever take away and no one can ever replace.

It is with this realization, and a heart now on the mend,
that I offer these verses to you.
May they remind you to cherish this bond, because there is truly no love like it.

The Poetry

(Prologue)

اِس جہانِ بے وفا میں، جہاں رشتے بے نام ہیں
وہ اک دعا ہے جو میرے ساتھ صبح و شام ہے
نہ کوئی اور اتنا سوچتا ہے، نہ کوئی اس طرح پکارتا ہے
جب تک گھر واپس نہ آ جاؤں، اک دل بے چین رہتا ہے
وہی تو ماں کی ممتا ہے، وہی تو باپ کا سایہ ہے
اُس کا فون آئے گا، بے شک، بار بار آئے گا
کہ کب آؤ گے تم گھر، کب انتظار ختم ہو گا
جب میں سو جاؤں، وہ اٹھ کر دیکھتی ہے
کہ اس کو کوئی ہوا کی لہر تو نہیں لگی
یہ وہ محبت ہے، جو ہر محبت سے بے مثال ہے
جس کے بنا انسان کا دل، ویران اور خالی ہے

Deebacha

Is jahan-e-bewafa mein, jahaan rishtay benaam hain
Woh ek dua hai jo meray saath subh-o-shaam hai
Na koi aur itna sochta hai, na koi is tarah pukaarta hai
Jab tak ghar waapis na aa jaoon, ek dil bechain rehta hai
Wohi toh maa ki mamta hai, wohi toh baap ka saaya hai
Us ka phone aayega, beshak, bar bar aayega
Ke kab aao ge tum ghar, kab intezaar khatam ho ga
Jab main so jaoon, woh uth kar dekhti hai
Ke us ko koi hawa ki lehar toh nahi lagi
Yeh woh mohabbat hai, jo har mohabbat se bemisaal hai
Jis ke bina insaan ka dil, veeran aur khaali hai

Prologue

In this unfaithful world, where relationships have no name,
There is one prayer that is with me morning and evening.
No one else thinks so much, nor does anyone else call out in that way.
Until I return home, a heart remains restless,
That is a mother's affection, that is a father's shade.

Their call will come, no doubt, again and again,

Asking when you will come home, when will the wait end?

When I go to sleep, they wake up to see,

That no cold breeze has touched them.

This is a love that is unmatched by any other love,

Without which a person's heart is desolate and empty.

تمہاری دعاوں کا حصار ہے

(The Unwavering Bond)

یہ دوریاں، یہ فاصلے، کچھ بھی نہیں
جب تمہاری دعاؤں کا سایہ سر پر ہے

کوئی اور کبھی اس طرح نہیں سوچے گا
ہزار رشتے ہوں، یہ محبت نہیں ملے گی

تمہاری محبت، جو ہر خامی کو چھپائے
یہ وہ دریا ہے جس کی گہرائی نہیں ملے گی

یہ ماں ہے جس کے قدموں تلے جنت ہے
یہ باپ ہے جس کی نگاہ میں میری عزت ہے

تمہاری دعاوں سے ہی ہر کامیابی ملی
تمہاری پناہ میں ہی زندگی سنوری

خون کا یہ رشتہ کبھی بے وفا نہیں ہوتا
یہاں محبت کبھی بھی ختم نہیں ہوتی

یہ وہ مقدس بندھن ہے جو اللہ نے بنایا
اس کی قدر کر، جس نے تجھے یہ پیار دیا

Tumhari Duaon Ka Hisaar Hai

Yeh dooriyaan, yeh faaslay, kuch bhi nahin
Jab tumhari duaon ka saaya sar par hai

Koi aur kabhi is tarah nahin sochega
Hazaar rishtey hon, yeh mohabbat nahin milay gi

Tumhari mohabbat, jo har khaami ko chupaye
Yeh woh darya hai jis ki gehrai nahin milay gi

Yeh maa hai jis ke qadmon talay Jannat hai
Yeh baap hai jis ki nigah mein meri izzat hai

Tumhari duaon se hi har kamyaabi mili
Tumhari panaah mein hi zindagi sanwari

Khoon ka yeh rishta kabhi bewafa nahin hota
Yahan mohabbat kabhi bhi khatam nahin hoti

Yeh woh muqaddas bandhan hai jo Allah ne banaya
Is ki qadar kar, jis ne tujhe yeh pyar diya

Your Prayers Are a Fortress

These distances, these separations, are nothing at all
When the shade of your prayers is over my head.

No one else will ever think in this way,
You may have a thousand relationships, but you won't find this love.

Your love, which hides every flaw,
This is a river whose depth you will not find.

This is the mother under whose feet is Paradise,
This is the father in whose gaze lies my honor.

It is only through your prayers that I found every success,
It is in your shelter that my life was made beautiful.

This relationship of blood is never unfaithful,
Here, love never comes to an end.

This is the sacred bond that Allah has made,
Cherish it, the one who gave you this love.

باپ کا سایہ

(The Father's Shade)

....

اُس کا غصہ بھی محبت کی ایک صورت ہے
وہ چہرہ جو چھپاتا ہے اپنی تھکن

جس کی خاموشی میں بھی ایک ہزار باتیں ہیں
وہ جو گھر کی بنیاد ہے، وہ ہی چھت ہے

وہ چہرے پر سختی، مگر دل میں نرمی ہے
وہ جو دکھوں کا بوجھ اکیلا اٹھاتا ہے

اُس کی ایک نگاہ میں پوری دنیا ہے
وہ ہی راستہ ہے، وہ ہی میرا سایہ ہے

اُس نے مجھے بتایا کہ محنت کیا ہے
اور دکھایا کہ عزت کیا ہے

ہاتھ پکڑا اور راستہ دکھایا
ہر گلی ہر موڑ پر، سایہ بن کر آیا

یہ وہ عظیم سایہ ہے، جو دھوپ میں بھی سردی ہے
اس کے بغیر ہر گھر کی دنیا بے معنی ہے

Baap Ka Saaya

Us ka ghussa bhi mohabbat ki ek soorat hai
Woh chehra jo chupata hai apni thakan

Jis ki khamoshi mein bhi ek hazaar baatein hain
Woh jo ghar ki buniyad hai, wohi chhat hai

Woh chehray par sakhti, magar dil mein narmi hai
Woh jo dukhon ka bojh akela uthata hai

Us ki ek nigah mein poori duniya hai
Wohi raasta hai, wohi mera saaya hai

Us ne mujhe bataya ke mehnat kya hai
Aur dikhaya ke izzat kya hai

Haath pakra aur raasta dikhaya
Har gali har mor par, saaya ban kar aaya

Yeh woh azeem saaya hai, jo dhoop mein bhi sardi hai
Is ke baghair har ghar ki duniya be-ma'ani hai

The Father's Shade

His anger, too, is a form of love,
That face which hides its fatigue.

In whose silence there are a thousand words,
He who is the foundation of the house, he is the roof.

There is a hardness on his face, but a softness in his heart,
He who bears the burden of sorrows all alone.

In his one gaze, there is a whole world,
He is the path, he is my shade.

He taught me what hard work is,
And showed me what honor is.

He held my hand and showed me the way,
On every street and every turn, he came as a shade.

This is that great shade, which is cool even in the heat,
Without it, the world of every home is meaningless.

اب میری باری ہے

(Now It's My Turn)

وہ ہاتھ جو مجھے تھامتا تھا،

اب اسے میرا سہارا ہے

وہ آنکھ جو جاگتی تھی میرے لیے،

اب اسے سکون کی نیند دینا ہے

وہ کندھے جن پہ میں چڑھتا تھا،

آج وہی تھکے ہوئے ہیں

ان پہ ہر بوجھ اب میری ذمے داری ہے

ماں کی وہ دعا جو ہر قدم پہ ساتھ تھی

باپ کا وہ سایہ، جو ہر دھوپ میں مہربان تھا

اب میری باری ہے،
انہیں ہوا کی ٹھنڈی لہر سے بچاؤں

انہیں وہی پیار اور گرمی دوں
جو انہوں نے مجھے دی

میں نہیں چاہوں گا کہ ان کا دل کبھی افسوس کرے
کہ میں ان کا وہ احسان کبھی نہ اتار سکوں

میرے لئے کوئی دنیا نہیں ہے
اس پیار سے بڑھ کر
جو میں نے پایا ہے،
اس ماں اور باپ سے

Ab Meri Baari Hai

Woh haath jo mujhe thaamta tha, ab usay mera sahara hai

Woh aankh jo jagti thi meray liye, ab usay sukoon ki neend dena hai

Woh kandhay jin pe main charhta tha, aaj wohi thakay huay hain

In pe har bojh ab meri zimmedari hai

Maa ki woh dua jo har qadam pe saath thi

Baap ka woh saaya, jo har dhoop mein meherban tha

Ab meri baari hai, unhein hawa ki thandi lehar se bachaoon

Unhein wohi pyaar aur garmi doon jo unho ne mujhe di

Main nahin chahoon ga ke un ka dil kabhi afsos karay

Ke main un ka woh ehsaan kabhi na utaar sakoon

Meray liye koi duniya nahin hai is pyaar se barh kar

Jo main ne paya hai, is maa aur baap se

Now It's My Turn

That hand which used to hold me, now it needs my support,

That eye which stayed awake for me, now I must give it restful sleep.

Those shoulders on which I used to climb, today they are tired,

Every burden on them is now my responsibility.

That mother's prayer which was with me at every step,

That father's shade, which was kind in every heat.

Now it's my turn, to save them from a cold breeze,

To give them the same love and warmth that they gave me.

I never want their hearts to feel any regret, that I could never repay their kindness.

For me, there is no world greater than this love, that I have received from this mother and father.

تہمت

(The Voice of the Unbroken Heart)

....

کوئی اور تمہاری آواز کا بوجھ بن گیا
میرے دل میں، وہ پکار ہمیشہ کی گم ہو گئی

تمہارے گھر میں، کسی اور کے لئے روشنی تھی
میری دنیا میں، صرف ایک غم کی رات تھی

کسی اور نے تمہارے دل میں میرے لئے جگہ لے لی
میرے حصے کا پیار اب کہیں اور تقسیم ہو گیا

مگر سنو! خون کا رشتہ کبھی نہیں ٹوٹتا
یہ وہ حقیقت ہے جو کوئی جھوٹا دعویٰ چھپا نہیں سکتا

یہاں ہر ایک نے محبت کا سودا کیا
وہ کون سا گناہ تھا، جو میں نے نہیں کیا

لیکن میں جانتا ہوں، یہ دعا، یہ بندھن
یہ کسی سودے یا کسی بھی رشتہ میں نہیں ہوتا

وہ آواز جو کہتی تھی، میری محبت لازوال ہے
وہ آواز کہاں گئی، جو میری زندگی کا سوال تھا

Tohmat

Koi aur tumhari aawaz ka bojh ban gaya
Mere dil mein, woh pukaar hamesha ki gum ho gayi

Tumhare ghar mein, kisi aur ke liye roshni thi
Meri dunya mein, sirf ek gham ki raat thi

Kisi aur ne tumhari dil mein mere liye jagah le li
Mere hisse ka pyaar ab kahin aur taqseem ho gaya

Magar suno! Khoon ka rishta kabhi nahin toot-ta
Yeh woh haqeeqat hai jo koi jhoota daawa chupa nahin sakta

Yahan har ek ne mohabbat ka sauda kiya
Woh kaun sa gunah tha, jo main ne nahin kiya

Lekin main janta hoon, yeh dua, yeh bandhan
Yeh kisi saude ya kisi bhi rishte mein nahin hota

Woh aawaz jo kehti thi, meri mohabbat la-zawal hai
Woh aawaz kahan gayi, jo meri zindagi ka sawal tha

Accusation

Someone else became the burden of your voice,
In my heart, that call was lost forever.

In your home, there was light for someone else,
In my world, there was only a night of sorrow.

Someone else took my place in your heart,
My share of love was now distributed elsewhere.

But listen! The bond of blood never breaks,
This is a truth that no false claim can hide.

Here, everyone made a deal for love,
What was that sin, that I did not commit?

But I know, this prayer, this bond,
It does not come from any deal or any other relationship.

That voice that used to say, my love is eternal,

Where has that voice gone, which was the question of my life?

احسان کا قرض

(The Paradox of Pain and Love)

کیا بتاؤں تمہیں، کہ کیا درد تھا
جب اپنا ہی گھر کسی اور کا در تھا

میں بھٹکتا رہا، ہر ایک راہ میں
مگر میری منزل کا پتہ، صرف تمہاری دعا میں تھا

میں نے محبت کی تلاش میں دنیا دیکھ لی
میں نے نفرت کے کنویں میں بھی جھانک لیا

مگر یہ بات مجھ پر تب کھلی،
جب مجھے خود باپ ہونے کا اعزاز ملا

میرے دل نے تب تسلیم کیا،
کہ ماں کی محبت سے بڑی کوئی نعمت نہیں
باپ کا سایہ، خدا کی رحمت سے کم نہیں

میں نے اپنے بچوں میں تمہیں پالیا

Ehsan Ka Qarz

Kya bataun tumhein, ke kya dard tha
Jab apna hi ghar kisi aur ka dar tha

Main bhatakta raha, har ek raah mein
Magar meri manzil ka pata, sirf tumhari dua mein tha

Main ne mohabbat ki talaash mein dunya dekh li
Main ne nafrat ke kuwein mein bhi jhaank liya

Magar yeh baat mujh par tab khuli,
Jab mujhe khud baap hone ka ezaaz mila

Mere dil ne tab tasleem kiya,
Ke maa ki mohabbat se barhi koi naimat nahin
Baap ka saaya, Khuda ki rehmat se kam nahin

Main ne apnay bachon mein tumhein pa liya

The Debt of Kindness

What can I tell you, what was the pain,
When my own home was someone else's door.

I wandered, lost on every path,
But the address of my destination was only in your prayer.

I searched the world in pursuit of love,
I even looked into the well of hatred.

But this truth only revealed itself to me,
When I was honored with being a father myself.

My heart then accepted,
That there is no blessing greater than a mother's love,
A father's shade is no less than God's mercy,

I found you in my own children.

اے میری ماں!

(The Final Plea)

. . . .

اے میری ماں،
میں تمہاری آغوش کو ترسوں

اے میرے والد،
میں تمہارے سایہ کو ترسوں

اس دنیا نے مجھے بہت دکھ دیا
اس دنیا نے مجھے بہت تنہا کر دیا

میں تمہارے گھر کا دروازہ کھٹکھٹاتا ہوں
یہاں صرف یادوں کا سناٹا ہے
یہاں میرے لئے کوئی راستہ نہیں ہے
یہاں میرے لئے کوئی سایہ نہیں ہے

اے میری ماں!
اے میرے والد!
میں واپس آنا چاہتا ہوں
میں تمہارے قدموں کو چومنا چاہتا ہوں

یہ دنیا صرف ایک دھوکا ہے،
ایک فریب ہے
میرا دل تمہارے سوا
کسی کو نہیں چاہتا

Aye Meri Maa

Aye meri maa, main tumhari aaghosh ko tarsoon
Aye mere waalid, main tumhare saaya ko tarsoon

Is dunya ne mujhe bohat dukh diya
Is dunya ne mujhe bohat tanha kar diya

Main tumhare ghar ka darwaza khatkhata hoon
Yahan sirf yaadon ka sannata hai
Yahan mere liye koi raasta nahin hai
Yahan mere liye koi saaya nahin hai

Aye meri maa! Aye mere waalid!
Main wapis aana chahta hoon

Main tumhare qadmon ko choomna chahta hoon

Yeh dunya sirf ek dhoka hai, ek fareb hai
Mera dil tumhare siwa kisi ko nahin chahta

Oh My Mother

Oh my mother, I long for your embrace,
Oh my father, I long for your shade.

This world has given me much sorrow,
This world has made me very lonely.

I knock on the door of your home,
Here there is only the silence of memories,
Here there is no path for me,
Here there is no shade for me.

Oh my mother! Oh my father!
I want to come back,
I want to kiss your feet.

This world is just a deception, a lie,
My heart desires no one but you.

کھوئے ہوؤں کی دعا

(The Prayer of Those Who Were Lost)

وہ جو بچھڑ گئے تھے ،
وہ اب نہیں ملتے
اس دنیا میں ایسے بھی رشتے ہوتے ہیں

وہ آنکھ جو ہر رات روتی تھی
وہ اب سکون کی نیند سوتی ہے

وہ جو آواز دل میں چھپی تھی
وہ اب میرے ہونٹوں سے
دعا بن کر نکلتی ہے

میں نے درد کی گہرائی میں
محبت کو پایا ہے
میں نے تنہائی میں
خدا کو پکارا ہے

میرے ماں باپ کی دعا،
جو کبھی نہیں کھوئی
وہ میرے بچوں کی محبت میں
مجھے واپس ملی

اب میں اپنے دل کو تسلی دیتا ہوں
کہ یہ دعا کبھی نہیں کھوئی،
یہ تو بس روپ بدلتی ہے

Khoye Huon Ki Dua

Woh jo bichar gaye thay, woh ab nahin milte
Is duniya mein aisey bhi rishtey hotay hain

Woh aankh jo har raat roti thi
Woh ab sukoon ki neend soti hai

Woh jo awaaz dil mein chupi thi
Woh ab mere honton se dua ban kar nikalti hai

Main ne dard ki gehrai mein mohabbat ko paya hai
Main ne tanhai mein
Khuda ko pukara hai

Mere maa baap ki dua, jo kabhi nahin khoi
Woh mere bachon ki mohabbat mein mujhe wapis mili

Ab main apne dil ko tasalli deta hoon
Ke yeh dua kabhi nahin khoi, yeh toh bas roop badalti hai

———————

The Prayer of Those Who Were Lost

Those who were separated, they are not found now,
In this world, such relationships do exist.

That eye which used to cry every night,
It now sleeps a restful sleep.

That voice which was hidden in my heart,
It now comes out as a prayer from my lips.

I found love in the depth of pain,
I called out to God in my loneliness.

The prayer of my mother and father, which was never lost,
It returned to me in the love of my children.

Now I give comfort to my heart,
That this prayer was never lost,
It just changes form.

افسوس

(Regret)

شاید میں ہی وہ غلطی تھا
جو تمہاری آنکھوں کا قصور تھا

شاید میں ہی وہ لمحہ تھا
جو تمہیں کبھی بھول نہ سکا

تمہاری محبت کا یہ دکھ
مجھ سے اب برداشت نہیں ہوتا

میں نے تمہیں گنوا دیا
میں تمہارے بغیر اب زندہ نہیں ہوتا

جب میں اس گھر سے نکالا گیا تھا
تب میں نے سوچا نہیں تھا

کہ پلٹ کر دیکھوں تو
تمہاری آنکھوں میں یہ اداسی ہو گی

Afsoos

Shayad main hi woh ghalti tha
Jo tumhari ankhon ka qasoor tha

Shayad main hi woh lamha tha
Jo tumhein kabhi bhool na saka

Tumhari mohabbat ka yeh dukh
Mujh se ab bardasht nahin hota

Main ne tumhein ganwa diya
Main tumhare baghair ab zinda nahin hota

Jab main is ghar se nikala gaya tha
Tab main ne socha nahin tha
Ke palat kar dekhun toh
Tumhari ankhon mein yeh udaasi hogi

Regret

Perhaps I was the very mistake
That was the fault in your eyes.

Perhaps I was the very moment
That you could never forget.

The sorrow of your love,
I can no longer bear it.

I have lost you,
I cannot live without you now.

When I was thrown out of this home,
I had not thought
That if I looked back,
There would be this sadness in your eyes.

ماں کی آغوش

(The Mother's Embrace)

A Note to My Mother

یہ نظم ایک بیٹے کی طرف سے ایک عاجزانہ پیشکش ہے۔
ایک ایسی نظم جو میری والدہ کے نام ہے، جس نے مجھے زندگی دی۔
یہ میرے لا متناہی پیار، صبر اور میری زندگی میں ان کی مقدس جگہ کے لئے میرا خراجِ تحسین ہے۔
یہ میری دعا ہے کہ وہ مجھے معاف کر دیں،
اور اس حقیقت کو بیان کرنے کا میرا اپنا طریقہ ہے
کہ ایک ماں کے قدموں تلے ہی جنت کا راستہ ہے۔

Yeh nazm ek betay ki taraf se ek aajizana peshkash hai.
Ek aisi nazm jo meri walida ke naam hai, jis ne mujhe zindagi di.
Yeh mere la-mutanahi pyaar, sabr aur meri zindagi mein un ki muqaddas jagah ke liye mera khiraj-e-tehseen hai.

Yeh meri dua hai ke woh mujhe maaf kar dein, aur is haqeeqat ko bayan karne ka mera apna tareeqa hai
ke ek maa ke qadmon talay hi Jannat ka raasta hai.

This poem is a humble offering from a son.
A heartfelt dedication to my mother, the one who gave me life.
It is my tribute to her endless love, her patience, and her sacred place in my life.
This is my prayer that she may forgive me, and my way of expressing the truth that beneath a mother's feet lies the path to Paradise.

مصنف کے بارے میں

(About the Author)

عشقِ آدم کا قلم
ایک بیٹے کے ذاتی تجربے سے نکلا ہے۔

انہوں نے یہ کتاب
والدین کے لا متناہی پیار
اور بچوں کے ساتھ ان کے رشتے
کی ناقابلِ تردید حقیقت
کو دریافت کرنے کے بعد لکھی۔

ان کی نظمیں
ایک ٹوٹے ہوئے دل کی دعا
اور ایک بیٹا ہونے کے سفر کی عکاسی کرتی ہیں۔

وہ اس رشتے کو
خراجِ تحسین پیش کرنے کے لیے

خاموش رہنا پسند کرتے ہیں
جو کسی تعارف کا محتاج نہیں۔

Ishq-e-Adam ka qalam ek betay ke zati tajurbe se nikla hai.

Unho ne yeh kitab walidain ke la-mutanahi pyaar aur bachon ke saath un ke rishtey ki na-qabil-e-tardeed haqeeqat ko daryaft karne ke baad likhi.

Un ki nazmein ek toote hue dil ki dua aur ek beta hone ke safar ki akaasi karti hain.

Woh is rishtey ko khiraj-e-tehseen pesh karne ke liye khamosh rehna pasand karte hain jo kisi ta'aruf ka mohtaj nahin.

The poetry of Ishq-e-Adam is born from a son's personal experience.

He wrote this book after discovering the undeniable truth of a parent's endless love and the sacred nature of their bond with a child.

His poems reflect the prayer of a broken heart

and the journey of a son.

He prefers to remain anonymous to let the universal nature of this bond speak for itself.

جلد آنے والی کتاب
(Coming Soon)

اِس سفر کا ایک اور باب جلد ہی آپ کے سامنے پیش کیا جائے گا۔

ایک ایسی کتاب جو بھائی اور بہن کے رشتے کی پیچیدگیوں پر لکھی گئی ہے۔

اِس میں وہ دُکھ شامل ہے جو ایک بہن کی دوری سے ہوتا ہے،

اور وہ دیر سے آنے والا احساس کہ دنیا کی کوئی بھی طاقت

ایک بھائی کی محبت کو بدل نہیں سکتی۔

یہ اُن تمام لوگوں کے لیے ایک خراجِ تحسین ہے

جن کے پاس یہ مقدس بندھن ہے۔

مستقبل میں آنے والی کتاب کا عنوان: 'بہن بھائیوں کا رشتہ'۔

Is safar ka ek aur baab jald hi aap ke samne pesh kiya jaye ga.

Ek aisi kitaab jo bhai aur behan ke rishtay ki pechidgiyon par likhi gayi hai.

Is mein woh dukh shamil hai jo ek behan ki doori se hota hai, aur woh der se aanay wala ehsaas ke dunya ki koi bhi taaqat ek bhai ki mohabbat ko badal nahin sakti.

Yeh un tamam logon ke liye ek khiraj-e-tehseen hai jin ke paas yeh muqaddas bandhan hai.

Mustaqbil mein aanay wali kitaab ka unwan: *'Behan Bhaiyon Ka Rishta'*

Another chapter of this journey will soon be presented to you.

This book is written on the complex dynamics of the brother-sister relationship.

It includes the hurt caused by a sister's distance, and the delayed realization that no worldly power can replace a brother's love.

This is a tribute to all those who cherish this sacred bond, and a reminder to those who may be separated.

Coming Soon: 'The Sibling Bond'

پبلیشر کے بارے میں
About The Publisher

ایم کے اسٹوری ورکس واقعی ایک عالمی کتاب پبلشر ہے، جو دنیا بھر کے پرجوش قارئین کے ساتھ مجبور مصنفین کو جوڑنے کے لازوال مشن کے لیے وقف ہے۔

ہمیں ایک متنوع اور متحرک فہرست تیار کرنے پر فخر ہے جو ادبی دلچسپیوں کے پورے دائرے پر محیط ہے۔چاہے آپ سب سے زیادہ فروخت ہونے والے فکشن ناول میں ایک عمیق فرار تلاش کر رہے ہوں، غیر افسانوی عنوانات سے حکمت اور علم کی تلاش کر رہے ہوں، ہماری مشہور سٹک بگس کے ساتھ ڈش کو مکمل کر رہے ہوں، یا ہماری پرفتن بچوں کی کتابوں کے ساتھ اگلی نسل کو پڑھنے کا جادو متعارف کرانا ہو، ایم کے اسٹوری ورکس ایسی کہانیاں پیش کرتا ہے جو معلومات فراہم کرتی ہیں، تفریح فراہم کرتی ہیں۔

معیار، تخلیقی صلاحیتوں اور عالمی رسائی کے لیے ہماری وابستگی اس بات کو یقینی بناتی ہے کہ ہماری شائع کردہ ہر کتاب قارئین کے ہاتھوں اور دلوں میں اپنی جگہ پاتی ہے، چاہے وہ کہیں بھی ہوں۔

ایم کے اسٹوری ورکس کے ساتھ جڑیں۔

ہمارے ساتھ آن لائن جڑ کر ہماری تازہ ترین ریلیزز، مصنف کی خبروں اور پردے کے پیچھے کی جھلکوں کے ساتھ اپ ٹو ڈیٹ رہیں:

ویب سائٹ: www.mkstoryworks.com

MK Storyworks is a truly global book publisher, dedicated to the timeless mission of connecting compelling authors with enthusiastic readers across the world.

We pride ourselves on curating a diverse and dynamic list that spans the full spectrum of literary interests. Whether you are looking for an immersive escape into a bestselling fiction novel, seeking wisdom and knowledge from groundbreaking non-fiction titles, perfecting a dish with our acclaimed cookbooks, or introducing the magic of reading to the next generation with our enchanting children's books, MK Storyworks delivers stories that inform, entertain, and inspire.

Our commitment to quality, creativity, and global reach ensures that every book we publish finds its place in the hands and hearts of readers, no matter where they are.

Connect with MK Storyworks

Stay up-to-date with our latest releases, author news, and behind-the-scenes glimpses by connecting with us online:

Website: www.mkstoryworks.com

Social Media:

- YouTube: @mkstoryworks
- Instagram: @mkstoryworks
- Facebook: @mkstoryworks
- X: @mkstoryworks
- Pinterest: @mkstoryworks
- TikTok: @mkstoryworks